Certains Etats et acteurs non-étatiques choisissent de massacrer des civils, ou d'élaborer des stratégies entraînant la mort de civils. Certains gouvernements choisissent de protéger leurs citoyens, en les mettant à l'abri de tout danger. D'autres ne protègent pas tous leurs citoyens, ou pas assez bien. Cet état de fait n'est pas inévitable et il existe des exemples concrets qui prouvent qu'il est possible pour ces acteurs, étatiques ou non, de protéger les civils lorsqu'ils choisissent de le faire. L'idée sera également avancée qu'ils ont intérêt à agir de la sorte, car, dans un monde interdépendant, les atrocités de masse alimentent les conflits, qui eux-mêmes engendrent des menaces à la sécurité ne pouvant être contenues. De plus, un nombre croissant de gouvernements ont également un intérêt moral à protéger les civils, car leur électorat attend d'eux non seulement qu'ils condamnent, mais aussi qu'ils empêchent les atrocités rapportées dans le monde entier au moyen des nouvelles technologies de l'information.

Gouvernements et acteurs non-étatiques peuvent réduire les atrocités qui gangrènent la planète en ce début de 21e siècle. A cette fin, ils doivent opérer quatre changements :

- Faire de la protection des civils la priorité absolue dans leur réponse à quelque conflit que ce soit, en assurant activement la protection des civils et en faisant de la Responsabilité de Protéger les civils (notion entérinée lors du sommet mondial de l'ONU en 2005) des atrocités de masse la pierre angulaire de leur politique;
- Adopter une posture de « tolérance zéro » à l'égard des crimes de guerre – que ce soit dans le cadre de la lutte anti-terroriste ou dans un autre domaine – en appliquant le même degré de remontrances internationales pour des crimes de guerre commis par des instances amies ou ennemies;
- Agir beaucoup plus rapidement contre les facteurs qui favorisent l'apparition ou le prolongement de conflits – y compris la pauvreté, l'inégalité, les changements climatiques et la prolifération des armes – de façon à optimiser aussi bien la prévention que la réaction par rapport aux conflits;
- Mettre en lien les actions menées à tous les niveaux, des communautés locales au Conseil de sécurité de l'ONU, de façon à coordonner les initiatives internationales et le travail de terrain. Afin de rendre ceci possible, la manière dont fonctionne le Conseil de sécurité devrait être urgemment réformée dans le sens d'une plus grande transparence et d'une plus grande responsabilité, dans le cadre de laquelle les membres dudit Conseil devraient rendre des comptes quant aux efforts consentis pour la paix et la sécurité internationales (y compris leur Responsabilité de Protéger les civils des atrocités de masse). L'ensemble des membres du Conseil de sécurité devraient renoncer à l'usage de leur droit de veto lorsque sont discutées des situations de crimes de guerre actuelles ou potentielles, de crimes contre l'humanité, de purification ethnique ou de génocide.

Massacre de civils

Selon une estimation faite en 2006, les guerres en RDC, au Darfour et en Irak tuaient jusqu'alors autour de 750 000 personnes par an. Cela équivaut à trente fois le nombre total de morts causées par le terrorisme en une année, mais ne représente qu'une fraction du nombre de personnes tuées et violées dans l'un des 31 conflits majeurs en cours, qui ne sont souvent même pas rapportés en dehors du pays où ils se déroulent. En effet, la grande majorité sont des conflits internes, qui s'étalent sur des décennies et sont très largement oubliés du monde extérieur, comme les conflits en Colombie ou au Sri Lanka.

Cependant, certaines choses changent. Depuis 2001, la « guerre contre le terrorisme » a eu des effets sur la plupart des conflits dans le monde. En 2006, 63% des nouveaux réfugiés venaient de deux pays situés sur la frontière de cette guerre contre le terrorisme : l'Irak et l'Afghanistan. L'invasion de la Somalie par l'Ethiopie cette année-là, admise par l'Occident comme faisant partie de la guerre contre le terrorisme, a favorisé l'apparition d'une nouvelle crise humanitaire à grande échelle dont souffre encore aujourd'hui le pays. En 2007, pour la seconde année consécutive, il y eut plus d'irakiens demandant l'asile dans les pays industrialisés que toute autre nationalité.

Shaista Aziz/Oxfam

Suite à une attaque aérienne israélienne au sud de Beyrouth en 2006, l'école Ashbal-el-sahel est devenue insalubre.

Le terrorisme constitue par nature un crime contre les civils, et la lutte mondiale contre le terrorisme a été menée dans le but de protéger les civils contre cette menace. Tout gouvernement a la responsabilité d'éradiquer le terrorisme et de protéger ses citoyens contre les atrocités de toutes sortes. Mais dans la guerre contre le terrorisme, certains gouvernements ont perdu de vue cet objectif et ont permis la mort de trop nombreux civils. En 2006, les frappes aériennes d'Israël tuaient environ un millier de civils libanais dans une tentative manquée d'éradiquer la menace représentée par le Hezbollah. Comme l'a affirmé le Secrétaire général Ban Ki-moon en 2007, ces frappes ont révélé une tendance croissante et meurtrière qui consiste à accepter la mort d'un grand nombre de civils en contrepartie d'une petite victoire militaire dans le cadre de la lutte contre le terrorisme.

Cette tendance est l'une des raisons pour lesquelles la « guerre contre le terrorisme » ne permet pas de venir à bout du terrorisme à l'échelle mondiale. Il n'y a certes pas eu d'autre drame tel que le 11 septembre, mais le terrorisme international, et avec lui le nombre d'attaques au Moyen-Orient et en Europe, a significativement augmenté. Ce phénomène a en partie été alimenté par la colère suscitée par l'invasion de l'Irak et par la guerre menée « contre le terrorisme » à l'échelon international. Ces manœuvres ont été très largement contre-productives. Les insurgés n'ont éprouvé aucune difficulté à exploiter l'hostilité créée par les abus d'Abu Ghraib ou d'ailleurs. Comme le révèle le témoignage de ce citoyen afghan en 2007 :

> *Les Talibans ont tué deux membres de ma famille. Les forces d'invasion en ont tué 16. Devinez de quel côté je me trouve.*

A partir de 2009, le nouveau président américain ne pourra pas être tenu pour responsable de la guerre menée jusque-là « contre le terrorisme ». La nouvelle administration américaine aura cependant la chance inédite de pouvoir guider la communauté internationale vers une meilleure protection des civils à l'échelle mondiale. Elle aura la possibilité de rétablir la confiance de cette communauté internationale dans la sagesse du leadership américain. A cette fin, un nouvel engagement des Etats-Unis à protéger les civils et à soutenir le droit international humanitaire constituerait un signal fort de la volonté américaine de travailler en accord avec l'opinion internationale, d'adopter une posture de leader fondée sur une légitimation morale.

Jusqu'à ce jour, la « guerre contre le terrorisme » a fait oublier les crises (comme celle en RDC) ayant fait bien plus de morts que n'en a fait le terrorisme. Avec un taux de mortalité qui dépasse le double de celui de l'Irak, la RDC a perdu 8% de sa population dans le conflit, ainsi que dans les famines et épidémies que ce dernier a déclenché. Si les Etats-Unis avaient perdu une proportion équivalente de civils, 25 millions de personnes, plus que la population du Texas donc, auraient perdu la vie. En Chine, ce nombre s'élèverait à 110 millions de personnes, davantage que la population totale du delta du Yangtzé. Pourtant, la catastrophe en RDC n'a été que peu relayée par les médias internationaux.

Dangers actuels et futurs

Il est néanmoins devenu en vogue de se réjouir de la baisse du nombre de conflits existants depuis la fin de la Guerre Froide. Il s'agit là d'une dangereuse demi-vérité. Le nombre de conflits a décru de façon substantielle, mais peu d'indices permettent de penser que cette tendance va perdurer. La menace de nouvelles guerres, l'échec d'accords de paix précaires, l'exploitation politique de la pauvreté et de l'inégalité ainsi que l'effet perturbateur des changements climatiques sont autant d'éléments mettant en doute la poursuite de la baisse du nombre de conflits.

En 2007, un rapport a estimé que 46 pays, regroupant 2,7 milliards d'habitants, sont confrontés à « un risque élevé de conflit violent » en raison du double risque résultant de la combinaison du changement climatique et des menaces traditionnelles à la sécurité, comme les sévères inégalités entre différents groupes pouvant être aisément exploitées par des extrémistes. Tous ces pays doivent s'adapter aux changements climatiques en réduisant les inégalités, et non pas en les augmentant. Si une partie d'entre eux n'y parvient pas, nous pourrions être confrontés à une augmentation significative du nombre de conflits armés dans les prochaines décennies. Dans des délais plus courts encore, l'échec actuel de la communauté internationale à réduire la pauvreté et l'inégalité signifie que, dans les cinq prochaines années, les pays les plus pauvres de la planète ont une chance sur six de connaître une guerre civile.

Au-delà de celles-ci, il existe un large spectre additionnel de menaces de violence majeure et aux impacts planétaires d'ici à 2020. Une étude, menée en 2008 par des responsables gouvernementaux et des chercheurs universitaires de plus de 20 pays, a identifié les menaces qui, bien que leur réalisation ne puisse pas être qualifiée de probable, relèvent certainement de la sphère du possible. Parmi celles-ci, on retrouve l'usage à des fins terroristes d'armes de destruction massive, la guerre nucléaire entre deux pays ou la chute d'un pays tel que le Pakistan.

En résumé, la menace d'un conflit, et le massacre de civils qui l'accompagne presque inévitablement, est aussi grande qu'auparavant, à moins que la communauté internationale ne fasse substantiellement plus d'efforts pour la réduire. Oxfam montre non seulement que c'est possible, mais surtout que cela doit être le cas.

Protéger les civils ? Pourquoi ?

Les civils doivent être protégés parce que cela représente un devoir moral, mais aussi parce que c'est dans l'intérêt de tous.

L'argument moral est simple. Tout individu a le droit d'être protégé du meurtre, du viol et du déplacement. Il y a soixante ans, en décembre 1948, la Déclaration universelle des droits de l'homme promettait à tous le droit « à la vie, à la liberté et à la sécurité », ainsi que le droit de vivre hors de la peur et du besoin. Mais en 2008, pour des millions de personnes, cette promesse reste lettre morte.

Il y a soixante ans également, les Conventions de Genève de 1949, pierre angulaire du droit international humanitaire, étaient signées. Ces accords ne se limitaient pas à interdire la violence délibérée à l'égard des civils. Ils frappaient aussi d'illégalité tout acte de violence ayant un impact sur les civils de façon disproportionnée par rapport aux objectifs militaires des parties au conflit.

Bien après, au Sommet Mondial de l'ONU en 2005, les gouvernements ont réaffirmé avec force ces principes de base. Presque tous les gouvernements de la planète ont alors accepté leur « Responsabilité de Protéger » leurs populations du génocide, des crimes de guerre, de l'épuration ethnique et des crimes contre l'humanité. Ils sont également tombés d'accord sur le fait que la communauté internationale a une responsabilité d'assistance dans de telles situations. Les gouvernements du monde entier avaient déclaré « Plus jamais ça ! » suite à l'Holocauste, au génocide rwandais et au massacre de Srebrenica. Après l'immense souffrance civile au cours des premières années de la guerre en Irak et au Darfour, il était temps de réitérer ces propos.

Les droits : quel intérêt ?

Malheureusement, il ne suffit pas que des gouvernements se mettent d'accord sur des règles de droit international pour que cela ait un effet sur la vie des gens. A moins que les gouvernements ne constatent que la loi peut agir dans leur propre intérêt, il n'y a que peu de chance qu'elle soit mise en application. C'est pourquoi il est tellement important de reconnaître que presque tout le monde a un intérêt à ce que la protection et la paix remplacent les atrocités des conflits. Les seuls qui n'y ont pas intérêt sont les criminels de guerre et ceux qui, comme les malhonnêtes exportateurs et revendeurs d'armes, profitent de la guerre. Dans le domaine de la sécurité comme dans tout le reste, le monde est de plus en plus interdépendant.

D'abord, les trois-quarts des conflits sont alimentés par des armes venues de l'étranger ou toute autre forme d'intervention extérieure. Ensuite, aucun pays dans le monde n'est à l'abri de l'insécurité et des menaces émanant de conflits se déroulant à des milliers de kilomètres. Les terroristes formés sur un continent mènent leurs attaques sur d'autres terres. 95% des drogues dures dans le monde proviennent de pays en guerre. De l'Afghanistan à la Colombie, les conflits créent des réfugiés qui rejoignent l'Europe, l'Australie et l'Amérique du Nord. Un conflit, où qu'il soit localisé, peut avoir un impact majeur sur l'économie mondiale. Selon le Prix Nobel d'économie Joseph Stiglitz, la guerre en Irak pourrait coûter à l'économie mondiale plus de 6000 milliards de dollars, deux fois plus qu'elle ne coûte aux Etats-Unis. D'après Paul Collier, Professeur d'économie à l'Université d'Oxford, le coût des conflits atteint déjà le double de ce que le monde a dépensé en aide internationale au cours de ces dernières décennies. Selon une enquête d'Oxfam, les conflits armés ont coûté à l'Afrique, entre 1990 et 2005, une moyenne de 18 milliards de dollars par an, sans oublier leurs conséquences humaines on ne peut plus évidentes : par rapport aux pays en paix, les pays africains en conflit ont un taux de mortalité infantile plus élevé de 50%.

En 2008, les crises au Kenya et au Tibet ont attiré l'attention précisément parce qu'elles étaient susceptibles d'avoir des effets au niveau continental ou mondial. Et il n'existe aucun conflit dont nous ne savons vraiment rien, ceci grâce aux médias internationaux, à Internet ou aux téléphones portables des manifestants à Rangoon. Les électeurs peuvent dès lors exiger de leurs gouvernements non seulement qu'ils combattent, mais aussi qu'ils condamnent, les atrocités rapportées dans le monde entier au moyen des nouvelles technologies de l'information. Le réalisme politique traditionnel, duquel peut être écartée la notion d'éthique dans les relations internationales, et qui se concentre sur les concepts de pouvoir et d'intérêt propre, ne constitue plus un schéma de pensée acceptable. Au 21ème siècle, comme l'a écrit en 2003 le Directeur général pour les Affaires Extérieures de l'Union européenne, le modèle « réaliste » de conduite de la politique extérieure n'est plus réaliste.

Pour cette raison, même les gouvernements les plus riches de la planète ont à cet égard des intérêts moraux, en plus de leurs intérêts économiques et politiques, comme l'a affirmé le ministre britannique des Affaires Etrangères en 2007. L'importance de cet intérêt moral dépend de la pression exercée par les citoyens sur leurs gouvernements afin qu'ils assurent la protection des individus dans le monde comme dans leur propre pays. Cette pression existe, de la Colombie à l'Ouganda, de la part des communautés locales et de la société civile. Les campagnes contre la guerre en Irak, pour la paix au Darfour et en faveur du contrôle du commerce des armes témoignent d'une solidarité avec les peuples souffrant des conflits. Parfois ces efforts payent, parfois ils sont sans conséquences. Certaines personnes ont parfois le sentiment moral que « quelque chose doit être fait », mais se demandent ce qu'elles devraient exactement exiger de leur gouvernement. Le rapport complet veut contribuer à répondre à cette question.

Le défi est maintenant d'unir et de développer ces actions sous la forme d'un mouvement international pour les droits des civils, ceci afin d'accroître l'intérêt moral des gouvernements à agir et de leur faire prendre conscience du fait que, dans un monde où les menaces pour la sécurité dépassent les frontières, défendre la Responsabilité de Protéger constitue un choix rationnel. Mais comment faire ?

Des exemples à tous les niveaux

Il est possible de protéger les civils, et on peut tirer des enseignements de divers exemples. Ces exemples comprennent les succès aussi bien que les échecs de la communauté internationale, les tentatives gouvernementales de mettre sur pied de meilleures stratégies pour protéger les citoyens et certaines réalisations méconnues à attribuer aux civils eux-mêmes.

Actions à l'échelon local

De nombreux civils impliqués dans des conflits ne se contentent pas de relater les histoires de mort et de déplacement; ils agissent également pour atténuer ces souffrances, prenant des mesures désespérées en l'absence d'aide de la part de ceux qui sont censés les protéger. Ils fuient les violences et deviennent des réfugiés ou des « déplacés internes », parce que ni leurs gouvernements ni d'autres instances ne veulent ou ne sont capables de leur offrir la sécurité qu'ils méritent. Parfois, les civils peuvent vraiment agir, défiant alors l'impunité dont les criminels de guerre bénéficient trop souvent ou développant des stratégies pour se protéger eux-mêmes ainsi que leurs familles. Au Darfour et en RDC, les femmes s'organisent en groupes lorsqu'elles quittent leur village ou campement pour s'adonner à la dangereuse activité de récolte du bois. Le succès n'est jamais facile et rarement complet, mais il y a pour différentes crises des exemples de civils obtenant de réels résultats. Sur l'île de Mindanao aux Philippines, les communautés locales chrétiennes et musulmanes ont négocié ensemble avec les soldats et les rebelles pour que ceux-ci épargnent leurs villages, et pour s'assurer que les personnes déplacées aient droit à une assistance humanitaire. Au Kenya, une organisation nationale du nom de PeaceNet a joué un rôle majeur dans le sauvetage de vies pendant les violences qui ont agité le pays au début de l'année 2008. Elle a géré un « centre nerveux SMS », récoltant l'information concernant de potentielles attaques au moyen de messages SMS, et avertissant immédiatement les comités locaux de paix et de sécurité qui, à certaines occasions du moins, sont rapidement intervenues pour les empêcher. Suite par exemple au meurtre d'un parlementaire à Nairobi en janvier 2008, une équipe intercepta une bande de jeunes prêts à attaquer les membres d'une autre communauté et les persuada de se disperser.

Dans de nombreux pays, on peut constater que les femmes sont particulièrement douées dans la construction d'une paix locale d'importance vitale. Au Burundi, aussi bien les femmes Tutsi que Hutu ont formé le groupement Habamahoro afin de faire face à la violence des jeunes hommes des deux communautés. En Ouganda, des femmes « animatrices de la paix » en ont formé d'autres pour gérer les conflits entre et au sein des communautés.

Aubrey Wade/Oxfam

Campagne locale contre les violences sexuelles dans le quartier de West Point à Monrovia, Libéria (2007).

Responsabilité nationale

Les civils et associations de civils décrits ci-dessus ne peuvent certainement pas tout résoudre eux-mêmes. Ce sont les Etats qui ont en premier lieu la Responsabilité de Protéger leurs citoyens. A l'échelon étatique également, on a pu observer des agissements bénéfiques lorsque la volonté de protéger est présente. En 2006, l'Ouganda a modifié sa stratégie: il a accepté un cessez-le-feu avec les rebelles de la Lord's Resistance Army (LRA), plutôt que de poursuivre dans sa vaine tentative de les vaincre par la force. Il a réalisé qu'une grande majorité de conflits sont aujourd'hui résolus pacifiquement plutôt que par la force (plus de quatre fois plus dans le monde entre 2000 et 2005). Au cours des douze premiers mois du cessez-le-feu, les attaques menées par la LRA sont tombées à seulement cinq par mois et 900 000 personnes déplacées ont pu à tout le moins reprendre le chemin de leurs habitations.

D'autres gouvernements ont également commencé à mettre en place des politiques qui donnent une plus grande importance à la protection des civils, et ce avec des résultats encourageants. Le Libéria avait les pires chiffres au monde en matière de violences sexuelles : 74% des femmes et jeunes filles furent violées au cours du conflit qui prit fin en 2003. Mais suite à l'élection d'une nouvelle présidente, la première femme élue à ce poste en Afrique, le gouvernement libérien a pris aujourd'hui à bras-le-corps ce problème de la violence sexuelle : une nouvelle loi sur le viol a vu le jour, ainsi qu'un plan d'action nationale sur la violence basée sur le genre qui comprend des réformes dans les systèmes légaux et sanitaire, un support psychosocial pour les survivants et des programmes économiques et sociaux pour les femmes et jeunes filles.

Solidarité régionale

A l'arrivée au pouvoir de la présidente libérienne Johnson-Sirleaf, il n'y avait qu'un million de dollars dans les caisses de l'Etat. Les gouvernements exsangues des pays en développement ne peuvent pas tout faire eux-mêmes. De plus, presque tous les conflits actuels dépassent les frontières étatiques, comme le montre bien la dimension régionale de conflits comme ceux en Afghanistan et au Pakistan ou au Tchad et au Darfour. La fuite de réfugiés vers les pays voisins, comme c'est le cas de la Colombie vers le Venezuela ou l'Equateur, peut mettre à mal la stabilité régionale. C'est pourquoi les organisations et leaders régionaux ont tous deux intérêt à résoudre ces conflits apparemment « internes ».

Lorsqu'en 2008 Kofi Annan a contribué à obtenir un accord entre les leaders politiques rivaux au Kenya, il s'est inscrit dans la lignée de récentes médiations africaines fructueuses, à l'instar de Nelson Mandela et du vice-président sud-africain Jacob Zuma au Burundi (respectivement en 1999 et 2003) ou de la CEDEAO (Organisation des Etats d'Afrique de l'Ouest) au Togo en 2004 et en Guinée en 2007. Entre 2003 et 2007, l'Union européenne a déployé 16 missions destinées à soutenir des gouvernements et autres organisations régionales (comme l'ASEAN) de l'Indonésie à la Palestine, en passant par la Macédoine et l'Afghanistan. Au Darfour, elle a apporté des fonds, en plus de fournitures plus techniques comme des hélicoptères, à la mission de l'Union africaine avant l'arrivée tardive de la force hybride ONU-UA. Ni la mission de l'UA, ni le soutien de l'UE n'ont été aussi efficace qu'elles auraient dû l'être, mais, par leur collaboration, elles ont à tout le moins essayé d'améliorer la situation déplorable des habitants du Darfour. Durant la période 2008–2010, l'UA et l'UE coopèreront dans le cadre de leur premier Plan d'action destiné à mettre en place des instruments propres à l'Afrique en matière d'urgence, de médiation et de maintien de la paix, afin que l'Afrique puisse agir de façon plus autonome et bénéficier d'un soutien plus fiable de la part des pays riches.

Soutien international

Tout comme pour l'UA et l'UE, les résultats de l'ONU sont certainement nuancés, le Conseil de sécurité demeurant très fortement paralysé par ses membres puissants bloquant à tour de rôle les mesures proposées à l'encontre de leurs alliés, et donc de leurs intérêts. Mais à des milliers de kilomètres de ces impasses new-yorkaises, les missions de maintien de la paix de l'ONU – 60 ans après l'instauration de la première du genre en Palestine – se concentrent aujourd'hui davantage sur la protection des civils qu'elles ne l'ont fait auparavant. En 2006, le Conseil de sécurité a établi que toutes les missions de maintien de la paix sous l'égide de l'ONU devraient avoir pour mandat de protéger les civils en danger immédiat. Le Conseil a enfin reconnu que les soldats sur le terrain doivent faire plus que maintenir la paix entre les parties au conflit ou simplement assurer le suivi d'une paix fragile. Ils doivent protéger les civils des meurtres et viols, assurant la mise en œuvre de la résolution 1325 du Conseil de sécurité qui appelle les casques bleus à apporter une attention particulière aux menaces spécifiques pesant sur les femmes. Un mandat clair doit leur être délivré, ainsi que les ressources nécessaires au succès de l'opération. Et enfin, un dernier point

Eric Canalstein/UN Photo

Le contingent indien de la mission des Nations Unies au Libéria (UNMIL), composé majoritairement de femmes, arrive à Monrovia.

fondamental : ils doivent maintenant pouvoir prendre appui sur un engagement politique soutenu, élément nécessaire pour s'attaquer aux causes profondes du conflit.

Une grande partie des initiatives internationales de ces dernières années ont eu des effets substantiels. Certaines personnes ont dénigré le Traité d'Ottawa de 1997 qui interdit les mines antipersonnel, le qualifiant de geste symbolique envers la société civile et les célébrités. Mais durant les dix premières années de son application, on peut estimer qu'il a permis de réduire le nombre de morts et de blessés par les mines de plus de deux tiers. Il faudra faire bien plus pour débarrasser la planète des mines antipersonnel ou d'autres armes aveugles comme celles dites « à sous-munitions » (que plus de 100 gouvernements ont accepté d'interdire en mai 2008), mais le succès concret du Traité sur les mines a ouvert une brèche pour le lancement d'initiatives plus larges destinées à contrôler le commerce des armes. Pour la première fois, il est aujourd'hui question de contrôles internationaux légalement contraignants sur toutes les armes conventionnelles. 153 gouvernements ont voté en 2006 le début de travaux consacrés à un Traité sur le Commerce des Armes, et, avant la fin de l'année 2008, l'Assemblée générale de l'ONU devrait marquer un nouveau pas décisif dans cette voie.

Les conflits actuels se déroulent dans un monde où les acteurs autres que les gouvernements ou les organisations supranationales ont une importance non négligeable. Dans quelques pays au moins, les compagnies privées agissent concrètement de façon à réduire les conflits locaux (alors que d'autres, comme de nombreux fabricants d'armes ou compagnies militaires privées, agissent dans le sens contraire). Les agences humanitaires,

> L'utilisation de four à faible consommation de carburant à Kebkabiya (Nord Darfour) a permis de réduire le nombre de trajets que les femmes doivent faire pour collecter du bois et donc réduit le risque d'attaques.

Oxfam

traditionnellement confinées dans leur rôle d'assistance, ont elles aussi pris conscience que leurs bénéficiaires sont demandeurs de plus de sécurité au même titre que d'eau, de nourriture ou de logement. Dans les limites de leurs compétences, les organisations humanitaires tendent de plus en plus à répondre à ce besoin de sécurité. Au Darfour et au Tchad, Oxfam forme les femmes à fabriquer des fours fonctionnant au pétrole de façon à ce qu'elles soient moins contraintes de s'aventurer en dehors des camps pour collecter du bois à brûler.

Pourquoi ces échecs ?

Pourquoi dès lors ces massacres de civils ont-ils lieu ? Si la paix et la protection sont dans l'intérêt de la grande majorité – de nombreux exemples le montrent – pourquoi les crises au Darfour ou en RDC se poursuivent-elles ? Si les gouvernements, l'UE, l'UA et l'ONU peuvent à certaines occasions agir de la bonne façon, pourquoi arrive-t-il qu'ils commettent de si grandes erreurs ?

La réponse est simple et réside dans le fait qu'ils n'ont que rarement choisi de donner à la protection le statut prioritaire qu'elle mérite. Qu'il s'agisse de décisions à prendre contre des crimes de guerre, de sanctions à imposer à des contrevenants ou de financer une opération de maintien de la paix, la politique qui donne la priorité à la sécurité des civils est trop souvent sacrifiée au profit d'intérêts politiques immédiats et mesquins.

De façon générale, l'ordre mondial actuel – avec les Etats-Unis comme seule superpuissance et à leurs côtés les autres membres permanents du Conseil de sécurité – n'a été que très peu efficace dans la protection des populations confrontées au génocide ou aux crimes de guerre. Le nombre de conflit a diminué, mais la promesse faite au début des années 1990 selon laquelle les civils seraient fondamentalement plus en sécurité qu'en période de Guerre froide n'a pas trouvé écho dans la réalité. Le Conseil de sécurité de l'ONU – ou plus précisément ses membres les plus puissants – a plus que souvent manqué à ses objectifs de maintien de la paix et de la sécurité internationales. De façon répétée, lorsqu'il s'est agi de gérer les différents conflits de la planète, il a manqué de s'y attaquer (par exemple, la Colombie), a noyé les décisions difficiles (au Tchad par exemple), ou a simplement manqué d'agir de façon efficace (au Darfour), et ceci parce que les membres permanents du Conseil de sécurité donnent, les uns après les autres, la faveur à leurs intérêts et alliances propres plutôt que d'assumer leur Responsabilité de Protéger.

Nouvel ordre mondial

Mais l'ancien ordre mondial est en train de changer. Le Conseil de sécurité de l'ONU est sous pression pour accepter de nouveaux membres permanents, dont l'Inde, le Brésil, l'Allemagne et le Japon. La Russie a repris confiance.

Les organisations régionales ont mûri et le partenariat entre l'UE et l'UA est plus concret que jamais auparavant. Et, élément peut-être le plus important, le monde est « confronté a un changement profond dans la distribution du pouvoir au niveau mondial », selon les mots du périodique américain *Foreign Affairs* en 2008, alors que la Chine accroît son influence et qu'il devient clair que la position américaine de seule superpuissance suite à la fin de la Guerre froide ne durera pas éternellement.

Alors que le monde entre dans la troisième décennie suivant la fin de la Guerre froide, ce changement pourrait bien commencer à prendre forme. Aussi bien la vitesse d'installation que l'impact de ce changement sont loin d'être certains, mais il est possible qu'en 2020 déjà la Chine rejoigne les Etats-Unis comme puissance dirigeante d'un monde multipolaire, au sein duquel l'Inde, l'UE, le Brésil et d'autres auraient une influence majeure au niveau mondial, et plus seulement à l'échelon régional. Les Etats-Unis pourraient bien rester le pays le plus puissant, mais, comme l'indique Joseph Nye, Professeur de Relations Internationales à Harvard, « Etre le numéro un n'aura plus la même signification qu'avant. »

La question est: ce nouvel ordre mondial sera-t-il meilleur que l'ancien au regard de la protection des civils ? La réponse n'est pas encore claire. Les Etats-Unis, la Chine et d'autres seront évalués sur la base de la réponse qu'ils apporteront aux crises futures. Mais ils seront également évalués en fonction de la position de leader qu'ils prendront ou pas dans la construction d'un système international plus efficace, au sein duquel les gouvernements acceptent de se soumettre à des règles définissant les droits des populations du monde entier. Le Traité post-Kyoto sur les changements climatiques constitue un exemple évident. La Cour Pénale Internationale en est un autre. Mais dans les domaines de la paix et de la sécurité, l'exemple par excellence réside dans les discussions autour du Traité sur le Commerce des Armes. Ce Traité est plus qu'une convention internationale sur le contrôle des transferts d'armes. Ce sera le test le plus révélateur de l'intention des grandes puissances de travailler main dans la main avec la majorité de l'opinion mondiale pour établir des règles dans l'intérêt de tous. Leur choix sera ainsi révélé.

Choisir le futur

Soixante ans après la Déclaration Universelle des Droits de l'Homme et les Conventions de Genève, il est temps de se donner des moyens efficaces en vue de les faire respecter. Il n'est pas nécessaire de réinventer le droit international ou la Responsabilité de Protéger, mesure destinée à renouveler l'engagement politique face aux pires atrocités. Les Conventions de Genève sont et restent le socle des tentatives en vue de limiter les lourdes conséquences des guerres. Ce qui est nécessaire aujourd'hui, c'est l'application conforme et ferme de ces règles.

Les gouvernements doivent faire tout ce qui est en leur pouvoir pour protéger les civils, pour mettre fin aux pires atrocités en cours, et pour éviter que de telles atrocités ou les conflits qui les engendrent n'apparaissent. Cela demande bien plus qu'une action militaire ou des initiatives diplomatiques en réaction aux événements qui se sont déjà produits. Cela demande un degré nouveau d'engagement dans la construction d'une « sécurité humaine », une approche globale destinée à protéger les populations de toutes les menaces – extrême pauvreté, maladies mortelles, dégradations environnementales – ainsi que de la violence immédiate. Comme l'a proclamé la Déclaration Universelle des Droits de l'Homme en 1948, les individus ont le droit d'échapper à la misère aussi bien qu'à la peur.

Tous les gouvernements partagent la Responsabilité de Protéger les civils contre les crimes de guerre, le génocide et les crimes contre l'humanité. Cela implique de mettre la protection des civils au cœur de leurs politiques, non pas de s'en souvenir comme d'un demi engagement à rappeler lorsque d'autres intérêts le permettent. Plus que pour toute autre instance, c'est là la responsabilité du Conseil de sécurité car, comme l'indique la Charte des Nations unies, il est le principal organe en charge de la paix et de la sécurité internationales. Pour cette raison, il faut procéder à une réforme urgente de la façon dont fonctionne le Conseil de sécurité. Dans le cas contraire, il est peu probable que son efficacité s'améliore.

Vers un pouvoir justifié par la performance

En 2008, le Conseil de sécurité tel qu'on le connaît n'est concrètement jamais amené à devoir rendre des comptes. Dans un monde où toute organisation publique ou privée est évaluée sur la base de ses performances, le Conseil n'est jamais tenu de rendre des comptes, comme le montrent tragiquement les cinq années de tentatives pour mettre fin aux souffrances au Darfour.

La réforme du Conseil de sécurité ne doit pas consister en la simple adjonction de quelques nouvelles puissances. Il devrait être urgemment réformé dans le sens d'une plus grande transparence et d'une responsabilité accrue. Tous les membres du Conseil doivent dès lors rendre des comptes quant aux efforts fournis dans la recherche de la paix et de la sécurité internationales, y compris leur Responsabilité de Protéger.

Mathias John/
Amnesty International

Les sections allemandes d'Oxfam et d'Amnesty International manifestent en juin 2006 à Berlin en faveur d'un Traité international sur le Commerce des armes.

Recommandations: agenda pour un monde multipolaire

Il n'y a pas de solution unique aux horreurs que sont les génocides et les crimes de guerre. Une réelle protection et la construction d'une paix durable ne découlent ni de la mise en place d'accords internationaux, ni des efforts faits au niveau local, mais bien des deux à la fois, et d'autres facteurs encore. Pour atteindre une telle situation, ce sont des actions à tous les niveaux, depuis les communautés locales jusqu'au Conseil de sécurité, qui sont nécessaires.

De l'échelon inférieur au supérieur :

L'action locale

- Investissement dans les capacités locales :
  - Communautés locales – médiation, négociation et résolution des conflits locaux.
  - Entreprises locales – fourniture de moyens de subsistance « pacifiques » aux différentes communautés.
  - Gouvernement local – permettre l'égal accès aux services essentiels et à la terre pour toutes les communautés, et réduire les inégalités entre ces dernières.
- Inclusion des femmes dans toutes les négociations de paix, depuis l'échelon communautaire jusque tout en haut.

La responsabilité nationale

- Faire de la protection des civils la principale priorité dans le cadre de toute stratégie militaire, appliquant une « tolérance zéro » en matière d'abus (y compris les abus sexuels) des forces de sécurité.
- Incorporation dans la législation nationale et application stricte des principes directeurs de l'ONU sur le déplacement.
- Réduction des risques de reprise ou d'apparition de nouveaux conflits par :
  - la création de moyens de subsistance « pacifiques » pour les combattants démobilisés et ceux qui sont les plus vulnérables aux chocs économiques mondiaux ou locaux, comme élément fondamental d'une stratégie de réduction de la pauvreté.
  - l'assurance d'un accès égal aux services essentiels pour toutes les communautés (y compris la santé, l'éducation, l'eau et l'hygiène).
  - la garantie, par la mise sur pied d'un système judiciaire et d'une police civile responsable, que ceux qui se rendent coupables de violence, y compris de violence sexuelle, seront amenés à rendre des comptes.

– la prise de mesures d'adaptation aux changements climatiques de façon à ce qu'ils réduisent plutôt que n'augmentent les inégalités et tensions entre les différents groupes.

La solidarité régionale

Pour l'UA et d'autres organisations régionales :

• Développement de la capacité et de la volonté de mettre sur pied rapidement des équipes de médiation pour intervenir au premier stade des crises en devenir.

• Développement de la capacité et de la volonté de sanctionner des leaders politiques ou militaires. Ainsi que des mesures incitatives, des instruments légaux et, dans des cas exceptionnels, des forces militaires pour protéger les civils.

• Ratification et ferme mise en œuvre d'accords régionaux sur le contrôle des armes de façon à éviter les transferts d'armes illicites menant à la violation du droit humanitaire ou des droits de l'Homme, ou portant atteinte au développement durable.

Pour l'UE et l'UA :

• Mise en œuvre de toutes les actions de paix et de sécurité sous l'égide du premier Plan d'Action du Partenariat Stratégique Afrique-UE pour 2010.

Pour la communauté internationale :

• Fourniture de fonds accrus, fiables et prévisibles pour le soutien d'organisations régionales, y compris les contributions aux opérations de maintien de la paix autorisées par l'ONU mais mises en œuvre à l'échelon régional (ou tout arrangement alternatif garantissant un financement complet et fiable, ainsi que la transparence, la reddition de comptes et des moyens de vérification de l'utilisation effective des ressources).

Le soutien international

Pour le Conseil de sécurité de l'ONU :

• Démonstration de sa capacité et de sa volonté de mettre sur pied rapidement des équipes de médiation pour intervenir au premier stade des crises en devenir.

• Démonstration d'une plus grande volonté de protéger les civils dans le cadre des crises nouvelles ou oubliées, accompagnée de l'imposition opportune de sanctions à l'encontre des leaders politiques ou militaires – interdits financiers, de voyage, etc. – de façon à éviter et à mettre fin aux crimes de guerre, aux crimes contre l'humanité et au génocide, ainsi que d'assurer une meilleure coopération avec la Cour Pénale Internationale.

- S'assurer de l'amélioration continue des opérations onusiennes de maintien de la paix et autres en matière de protection des civils (y compris la protection contre les violences sexuelles). Ceci suppose l'inclusion de la doctrine de l'ONU en matière de protection des civils dans les modules de formation au maintien de la paix, comprenant une analyse détaillée des actions spécifiques à entreprendre.
- Demander au Secrétaire général de fournir une information plus pertinente et plus systématique concernant les menaces auxquelles font face les civils – y compris les violences sexuelles et basées sur le genre, ainsi que l'ignorance du droit à l'assistance.
- S'assurer que tout le personnel civil et militaire des missions de maintien de la paix ait reçu une formation sur les violences sexuelles, le rôle culturellement spécifique du genre et les relations de pouvoir inégales entre hommes et femmes, ainsi qu'entre agents de maintien de la paix et populations locales. Toute mission onusienne devrait informer le Conseil de sécurité de façon exhaustive quant aux menaces de violences sexuelles et quant à ses résultats dans ses tentatives de réduire ces menaces.
- Exposer les démarches entreprises au niveau de la Responsabilité de Protéger dans son rapport annuel à l'Assemblée générale. Les membres du Conseil devraient encourager cette responsabilité accrue en adjoignant leurs contributions spécifiques au soutien de la Responsabilité de Protéger à leur compte-rendu annuel pour l'Assemblée générale. Les membres permanents devraient renoncer à l'utilisation du veto dans des situations ou des menaces de crimes de guerres, génocide, épuration ethnique et crimes contre l'humanité.
- Visiter de façon beaucoup plus régulière les régions où les civils sont les plus menacés et prévoir des rencontres privées avec les représentants des communautés les plus touchées et ceux qui travaillent à défendre leurs droits à la protection et à l'assistance ; de même, organiser de larges réunions à New York sur toutes les situations ou menaces de crimes de guerres, génocide, épuration ethnique et crimes contre l'humanité.

Pour tous les gouvernements, les priorités doivent être de :
- Travailler à la protection des civils comme pierre angulaire de toutes les mesures gouvernementales de politique étrangère.
- Mettre sur pied des infrastructures nationales diplomatiques et militaires afin de permettre la mise en œuvre effective de la Responsabilité de Protéger.
- Combattre les entraves au droit humanitaire et aux droits de l'Homme, y compris les violences sexuelles, sans aucune permissivité à l'égard des entraves commises par les pays alliés.
- Mettre en œuvre le droit international humanitaire, évitant toute action militaire susceptible d'avoir un impact disproportionné sur les civils par